LISTE

DE
MESSIEURS
LES GARDES-VISITEURS
EN CHARGE,

Avec les années de leur Jurande.

Eustache-François Houblin,	1764
Antoine-Henri Voisin, *le Jeune*,	1765
Jacques-François Vaillant,	1770
François Béliard,	1771

MESSIEURS
LES ANCIENS GARDES,

Avec les années de leur Jurande.

Jean Goret,	1740
Louis Jouard,	1741
Jean-Auguste Néviance,	1743
Pierre Igou,	1748
Louis François Normand,	1751

LISTE

DES NOMS ET DEMEURES

DE

MESSIEURS LES MAISTRES

HORLOGERS

DE LA VILLE, FAUXBOURGS

ET BANLIEUE DE PARIS,

Par ordre de Réception, & par Lettre
Alphabétique.

POUR L'ANNÉE M. DCC. LXXII.

A PARIS,

DE L'IMPRIMERIE DE DIDOT,
rue Pavée, à la Bible d'Or, 1772.

Augustin Fortin, *Pere*,   1752
Pierre Regnault, *Pere*,   1753
Antoine Voisin, *l'Aîné*,   1754
Jean-Pierre Péraché,   1755
Thomas le Febvre,   1755
Louis-Henri Admyrauld,   1756
Toussaint-Marie le Noir,   1756
Philippe Barat,   1757
Jean-Benoît Gérard,   1758
Jacques-Charles Panier,   1759
François Verneaux,   1760
Louis-François Herbault,   1761
Michel Fortin, *Fils*,   1762
Joseph Bertrand,   1763
Eust. Franç. Houblin, *en Ch.*   1764
Ant. Henri Voisin, *le J. en Ch.*   1765
Henri Lacan,   1766
Joseph Waltrin,   1767
Claude Clément, *le Jeune*,   1768
Louis David Carré,   1768
Louis-Michel Hardel,   1769
Pier. Ant. Regnault, *Fils*,   1769
François Viger,   1770
Jacq. Franç. Vaillant, *en Ch.*   1770
François Béliard, *en Ch.*   1771

MESSIEURS

LES ANCIENS & MODERNES,
par Ordre de Réception,

Payant les Charges de la Communauté.

Jean André Furet, 1 Déc. 1711
François Gaultier, 25 Avril 1715
Charles Masson , 7 Nov. 1717
Charles Gauthier, 16
Simon Huvé , 25
Jean-Simon Huyé ,
Etienne Le Noir, 26
Henri Charl. Baltazar,
Noël Baltazar ,
Bon-Jean Prevost, 27
Jean Dupré ,
Jean Goret, G. V. 1 Décembre
Louis-Nic. De Launay,
Pierre-Charl. Du Gué,
Jean-Isaac Godde,
Jacq. Philip. Godde,
Philip. Henri Godde,
Jean-Baptiste Jean, 2
Nicolas Fardoil,
Louis Tallon , 6

Hugues-Nic. De Saint-
pere ,   15 Déc.   1717
Jean-Augufte Névian-
ce , G. V.   31
François Doyen ,   4 Mars 1719
Louis - François Nor-
mand, G. V.   17 Fév.   1723
Henri-Henry La Mar-
che ,
Louis - Henri Admy-
fauld , G. V.   10 Fév.   1724
Martin Benoift ,   30 Mai
Touffaint   Michel Le
Lubois ,   5 Septembre.
Louis Jouar, G. V.   12
Pierre Igou , G. V.   15 Janv. 1726
Auguftin Fortin , G. V. 11 Mai
Jean-Baptifte Hervé , 20 Juillet
Raymond - Jean - Bapt.
Le Noir ,   31 Mars 1727
Jean - Baptifte - Albert
Baillon ,   12 Juillet
Nicolas Guillemin ,   9 Avril 1729
Alexan. Le Faucheur , 27 Octob.
Pierre Régnault , G. V. 16 Fév.   1730
Jean-Baptifte Clément
Boutray ,   4 Juillet
Touffaint - Marie Le
Noir , G. V.   26 Octob.
Charles Beauvillain , 15 Juillet 1733

Jean-Pierre Pérache,
   G. V.   2 Octob. 1733
Thomas Le Febvre,
   G. V.   10 Novembre
Louis Mangeant,   20 Octob. 1734
Pierre-Joseph Félix,   6 Juin   1735
Jean-Bap. Du Tertre, 22
Simon-Nicolas Clou-
   zier,   19 Juillet
Jean-Jacques Verdier, 26 Avril 1737
Jac. Nicolas Rousseau, 17 Juin
Pierre Le Roy,   9 Juillet
François Autray,   14 Octob.
Cl. Salomon Caille, 7 Février 1739
Jean-Abraham Du Ter-
   tre,   6 Juillet
Nic. Charl. Du Tertre,
J. Chrysost. Baltazar, 4 Mai   1740
Joseph Quoniam,   3 Juin
François Caranda,   2 Janv. 1741
Jean La Cloye,   7
François Vasle,   15 Mars
François Ageron,   13 Juillet
Louis Brulfer,   22 Août
François Le Loutre, 20 Déc.
Laurent Idelot,   9 Janv. 1742
Joseph Quetin,   19 Avril
Philippe Barat, G. V. 28
Jean-Joseph Le Roy,
Jean-François Arnoux, 30 Mai

Charles Gamard,   13 Juin   1742
Jacq. Bouffot De Ville-
   Neuve,   28
Julien-Nicolas Frémy, 19 Juillet
Jean-Louis Tifenne,   6 Fév.   1743
Jacq. Charles Panier,
   G. V.   13
Antoine Voifin, G. V.
Charles Lomet,
Pierre-Etien. Le Noir, 22
Jean-Benoît Gérard,
   G. V.   23
Fiacre-Franç. Clément,
Claude Clément, G. V.
Louis-Franç. Herbault,
   G. V.
Cl. Du Grand Mefnil, 25
Jean-Noël Rigand,   27
François-Edme Hardy, 2 Mars
Pierre-Louis Foullé,   4
Jean-Philippe Arfan-
   daux,   31 Mai
Pier. And. Vimont,
Philip. Augufte Chapo,
Michel Fortin, G. V. 26 Juillet
Bernard Jacq. Collier,
Nicolas Brodon,   15 Fév.   1744
Nicolas Chanu,   4 Mars
Michel Baltazar,   7 Août
Jean Collot,

Laurent Déy,   7 Août   1744
François Viger, G. V.
Pierre Bisson,   4 Septembre
Jacq. Franç. Henry La
    Marche,   4 Juin   1745
Germain De Lespée, 13 Juillet
Eustache - François
    Houblin, G. V.   8 Octob.
Jacques De la Feuille, 18 Févr. 1746
Pierre de Monchanin,
Jacques Allemand,   25
François Gallois,   1 Mars
Denis Masson,
Jean Martin,
Jean-Pier. Tavernier,
Joseph Bertrand, G. V.
Joseph Waltrin, G. V.
Pierre Musson,   4
Nicolas Blondel,   21
Ant. Philip Huillier, 14 Avril
Pierre Gille,   17
Jean-Bap. And. Furet, 18
Franç. Verneaux, G. V. 10 Janv. 1747
Jérôme François Ré-
    gnault,   20 Juin
Jean-Bap. Tintrelin, 28
Philip. Girard La Noue, 8 Août
Louis-François De la
    Mare,   6 Déc.
Louis Montjoye,   27 Mars 1748

Pierre Le Vasseur,   8 Nov. 1748
Joachim Bailly ,   14 Janv. 1749
Louis - David Carré,
    G. V.   21 Mars
Pierre Noël Périchon, 20 Mai
Franç. Béliard, G. V. 16 Septembre
Guillaume Blakey ,   10 Avril 1750
Simon-Franç. Festeau , 20
J. Denis Boisgontier , 22 Juillet
Jean-Baptiste-Charles
    Paillard,   12 Août
Pierre Béliard ,   5 Septembre
Jacques - François
    Vaillant, G. V.   7
Charles-Nic. De Hé-
    mant,   18 Décembre
Charles Charpentier , 12 Janv. 1751
Jacq. Franç. Festeau , 26 Mars
Jean-Louis Amant,
Amand Renard ,   21 Août
Michel-Victoire Gaul-
    tier,   1 Mars 1752
Jean Romilly ,   3 Mai
Nicolas Faverolle ,   19
Guillaume Gille,   9 Janv. 1753
Jean-Bap. Samson Le
    Roy,   9 Mars
Jean Moisy,
Louis-Michel Hardel ,
    G. V.   28 Juillet

(11)

Jean-Jacques Gavelle, 7 Sept. 1753
Ferdinand Berthoud, 29 Déc.
Nicolas Baudet, 8 Janv. 1754
Pierre-Ant. Regnault,
    G. V. 29 Mars
Bénedic. De la Feuille,
Amy Dentan, 2 Avril
Mart. Simon Ridereau, 24
Jacq. Barthel. Daniel, 18 Juin
Pierre Millot, 31 Juillet
Claude Matthieu,
Jean-Louis Goret,
Jean-Baptiste Brulfer, 12 Août
Pierre Jean-Bap. Bel-
    homme, 30 Janv. 1755
Jean-Fursi Le Roux, 20 Mars
Louis De Lespée, 14 Juin
Nicol. Ant. Mairesse,
Joseph Silvestre, 23
Antoine Henri Voisin,
    G. V. 29 Août
Jean Amant, 1 Octobre
Henri Lacan, G. V. 20 Janv. 1756
Jacq. André Arthault, 31 Mai
Jean-Pierre Audibert, 9 Juillet
Robert-Abrah. Fizet, 3 Août
Jean-Jacques Imer,
Pierre Heurtier, 11 Janv. 1757
Jean Arthur, 25 Février
Pierre-Mathur. Gault, 18 Mai

Jean-André Alar,   18 Mai   1757

Pierre - Henri Mallet

    Genoux,   2 Août

Paul-Philippe Quillet,   2 Sept.

Louis Châlons,

Arnoul-Joseph Brodon, 22 Octobre

Pierre Edelinne,   23 Déc.

Germain Du Bois,   31

Henri – François Ver-

    neaux,   2 Janv. 1758

Alexandre-Jean Fieffé, 21

Jean-Claude Fieffé,

Adam Lechopié,   10

François-Casimir Cor-

    masson,   11 Février

Alexis Louis Matthieu

    Huau ,   8 Avril

Bernard-Joseph Bel,

Augustin Gallot,

François Vilceux,   12

Pierre Franç. Le Doux, 27 Mai

Nic. Garcel Du Costy, 22 Août

Jean-Bapt. La Place,   25 Octobre

Etienne - Augustin Le

    Roy,   21 Nov.

Charles Du Tertre,

Daniel Bartholony,

Pierre-Barthelmy Thi-

    bault,

Jacq. Franç. Fleutry , 28

                  Edme

Edme Cœur,   21 Mars 1759
Jean Bieſtat,
Jacques Bothereau,   20 Avril
J. Chriſtophe Poirot, 19 Mai
Jacq. Martin Rocquet, 2 Juin
Jean-André Le Paute,
Anne-Henri Amant,   3 Juillet
Jean-Louis Le Vacher,
And. Louis Le Vacher, 17
Jacq. Jean Le Vacher,
Marin Pépin,   8 Janv. 1760
Charles-Franç. Marie, 18
Jean Eſtier,
Charles Roger,   15 Février
Alexis-Joachim Chau-
    vot,   27 Mars
Jacq Franç. Louis Pro-
    voſt,   29 Juillet
Pierre Poirié,   10 Septembre
J. B. De Saint-Jean,
Nicolas Le Braſſeur, 13 Janv. 1761
Jean-Franç. Bourgeois, 10 Juin
Jean-Charl. Méréaux, 27 Novembre

MESSIEURS LES JEUNES

PAR ORDRE DE RÉCEPTION,

Payant les Charges de la Communauté.

Matth. Chambon, 7 Janv. 1762
Jean-Antoine Lespine, 12 Mars
Jean-Louis Bouchet,
Jacq. Jérôme Gudin, 12 Mai
Marie Jean-Claude Le
    Goix Dunesme, 22
Jean-Joseph Clétiez, 7 Août
Pierre Lamberton, 4 Sept.
Xavier Gide, 23
André De la Ruelle, 12 Octob.
Ant. Robert Bunon, 7 Janv. 1763
Jacq. Louis Furet, 16 Février
Edme Denis Gaut, 1 Mars
Antoine Cronier,
Jacques Mauduit, 16
Germain Charpentier, 8 Avril
Jean Zacharie Berne,
Jean-Charles Caban, 17 Mai
Jean-Claude Grillaud, 3 Août
Josse-Adrien Beauvar-
    let, 19
François Arthault, 25 Novembre
Alexandre Vautrin, 4 Janv. 1764
Vinc. Marie Coquin, 19 Janv.

Nicolas Admyraud,   14 Fév.   1764
Nic. Pierre De Lunéfy,
Pierre Jollain,
Vincent Garros,   2 Juillet
Adrien Montjoye,   31
Joseph-Michel Polet-
    nich,   30 Août
Charl. Théodore Gué-
    noux,
Franç. Sauvage Saint-
    Preüil,   18 Sept.
Jean Forcher,
Ant. Touff. Le Noir, 16 Novemb.
J. B. Auguftin Le Noir,
Henri Mailand,
Etienne Defchamps,   18 Déc.
J. Pierre Hautte-Ma-
    niere,   4 Janv.   1765
Nicolas-Laurent Dey, 15 Février,
David-Louis Courvoi-
    fier,
Jean-Antoine Jarle,   15 Mai
Guillaume-Jean Gille, 12 Juin
Nic. Ant. Gremoud,
Pierre Le Roy,   16 Juillet
Etienne Nioux,   31 Août
Guill. Nic. Hugault, 12 Octobre
Claude-Antoine Cré-
    peaux,   31 Janv.   1766
Jean Chambon,   28 Fév.

Louis Montjoye,   28 Fev. 1766
Jacques Bordier,   11 Avril
Claud. Olivier Tallon, 5 Mai
Antoine François,
Daniel-Samuel Plattel,
Philippe Plan,
Nicolas-Louis Cuisin, 27
Jean-François Charost, 21 Juin
Bernard Ripert,   1 Août
Jean-Louis Le Moyne, 6 Sept.
Nicolas Vallery,   17 Décemb.
Jean Farcy,   17 Fév.   1767
Pierre Henri Lachauf-
  fée,
Charl. Henri Lachauf-
  fée,   6 Mars
Pierre Leblond,   20
Etien. Simon Deville, 27
Jacques Jayelot,   26 Mai
Charl. Henri Waltrin, 20 Juin
Pierre Franç. Musson, 1 Sept.
François Huet,
Pierre Le Dunois,   3
Charl. Norbert Code-
  velle,
Abraham Matignon,
Jean-Bapt. Lefebvre,
Léonard Henchoz,
Claude Sénart,
Jean-Joseph Lieutaud,

Claude Alex. Robert, 3 Sept. 1767
Jean-Bapt. Mairesse,
Daniel Vauchez,
André Féron,
Abraham Wielandy,
Michel Lamy,
François-Jean Juanin,
Jean-Domin. Dufour,
Gabriel Courieult,
Paul Léautier,
Guil. Romain Terrier,
André de Lanoy,
Pierre-Laurent Gautrin,
Denis-Franç. Dubois,
André-Franç. Girourd,
J. B. Gervais Dutour,
Louis – Gaspard De-
     vienne,   20 Octobre
Pierre Ansart,   30
Robert Bethnan,   19 Nov.
Claude Lory,   27
Robert Robin,
Louis Matthieu de la
     Gardette,   16 Déc.
Jean Susanne Battas,
Jean-Bapt. Brezagez, 30 Mars 1768
Louis-Charl. Baltazar, 19 Avril
Jean-Augustin Alban,
Nicolas Deranton,
Alex. Vincent Chérier, 31 Mai

Pierre-Paul Craſſous , 31 Août 1768
Etienne-Claude Cou-
   turier ,   6 Sept.
Jacques l'Huillier , 16 Fév. 1769
Pierre Hubert ,   7 Mars
Pierre-Edme Le Noir , 16
Simon Feſteau ,   21
Nicolas Labdouche , 18 Avril
Nicolas Robert ,
Jean-Bapt. Louis Ver-
   nezobre de Laurieux,
Auguſtin Fortin ,   6 Juin
Jean-Franç. Balthazar ,
Calon ,
Gabriel-Benoît Garbet,20 Juillet
Hugues -François La-
   reſche ,   1 Sept.
Edme Matthieu ,   9
Jean-Jacques Godde , 12 Octobre
André Dufour ,   5 Janv. 1770
Jean Michel ,   24 Avril
Nicolas Leblond ,
Jean-Louis Maucuy , 18 Mai
Joſeph Labdouche ,
Alexandre Deribau-
   court ,   22 Juin
Etienne Lethier ,
Charles Thomas Dar-
   mezin ,
François - Pierre De
   Saint-Martin ,

Barthelemi Racle,   22 Juin   1770
David Montandon,
Jean-Louis Monnot,
Michel Magnen,
Guillaume Perrot,
Nicolas Delaruelle,
Louis Muſſon,   ·   11 Juillet
Pierre Grignon,
Pierre-Ignace Mayet,
Georges Cauſard,
Pierre Vaudry,
Antoine Guiot,
Jean-Baptiſte Duluc,
Jean-Alexandre Huet
    Dupleſſis,
Antoine Coliau,
Franç. Modeſte Caron,
Joſeph-Léonard Ro-
    que,   30
Jean-Baptiſte Saucy,
Charl. Franç. Barbier,
Jean-Sébaſt. Chauveſt,
Joſeph Goffon,
Marc Boucher,
Gille Bauve,
André Goret,
Matthieu Sauvaiſtre,
Jérôme Petite,   20 Août
Claude-Franç. Paliard,
Denis-Joſeph Nicod,
Jean-Pierre Deniſart,

Charles Rey,   20 Août 1770

Jérémie Janvier,

Joseph Buzot,

Jacques Pelletier,

Nicolas-Franç. Guerbe,

Edme Doué,

Augustin Moré,   6 Septembre

Etienne Gravereau , 12 Décembre

Jean-Baptiste Magitot, 1 Mars 1773

Jean-Ursin Duchesne, 27

Benoît Duval ,

Joseph Lottin,   3 Juillet

Héléodore-Jacq. Pierre

    Demonchanin,

Nicolas-Jean-Baptiste

    Guillet,

Noël-Augustin André, 23

Pierre Seigneuret,   12 Août

Henri - Charles - Jean

    Lacan,   19

Pierre Gavelle,   3 Sept.

Louis-René Waltrin , 23

MESDAMES LES VEUVES

des Anciens ,

Payant les Charges de la Communauté.

ARSANDAUX, (De Jean) *au Mar-*
ché-Neuf.

Aury, (De Jean-André) *rue des Bar-*
rez , près l'Ave-Maria.
Champion, (D'Isidore - Guillaume)
rue Saint Paul , à l'Hôtel Bazin.
Jean, (De Jean-Adrien) *rue des Francs-*
Bourgeois , près la Porte S. Michel.
Targe, (De Jean-Baptiste) *à Orléans.*

MESDAMES LES VEUVES

des Modernes & des Jeunes,

Payant les Charges de la Communauté.

Ambroise, (De Jean) *rue de Cha-*
ronne.
Arthus, (De Jean) *près la Barriere du*
Roule.
Baillon, (D'Etienne) *A St. Germain-*
en-Laye.
Basselet, (De Pierre François) *à Metz.*
Béeckaert, (De Jean-François) *rue de*
la Coutellerie.
Bergier, (De Laurent) *rue de Fourcy.*
Boucaumont , (De Pierre-François)
rue Saint Martin.
Caffaut, (De François) *rue S. André*
des Arcs, près celle de Bussi.
Calon, (De François) *rue Pouliveau.*
Cazeaux, (De Pierre) *à Geonville ,*
près Etampes.

Champion, (De François-Antoine)
rue S. Denis, vis-à-vis celle Thévenot.

Chaftelain, (D'Etienne) rue S. Denis,
dans l'ancien grand Cerf.

Chirat, (De Claude) rue S. Denis,
vis-à-vis celle Guérin Boiffeau.

Clétiez, (De Jean-Jofeph) Cour des
Barnabites.

Collier, (De Jean-Baptifte) rue Galande.

Cormaffon, (D'Etienne) rue S. Louis,
près le Palais.

Coupfon, (De Jean-Achilles) cul-de-
fac de la Cour de Rouen.

Courtois, (De Jean-Sulpice) rue de
Bourbon, près la Porte S. Denis.

De Beu, (De Jacques) rue d'Anjou
Dauphine, près celle de Nevers.

De La Roche, (De Jean-Baptifte)
Montagne Sainte Genevieve.

De Lécluze, (De Pierre - Nicolas)
petite rue Taranne.

De Lorme, (D'Archange Michel) rue
de Cléry, près la Porte S. Denis.

De Rond, (De Charles) rue de la Ta-
bletterie.

De Saint Pere, (De Claude) rue Quin-
quempoix, au Paffage Beaufort.

Du Foffé, (De Pierre-Antoine) Quai
des Orfevres.

Fauſſard , (De Pierre-Jacques) *rue &*
près le petit Saint Antoine.
Feſtau , (De François) *rue Pouliveau.*
Fieffé , (De Nicolas-Jean) *rue Mon-*
torgueil, près les petits Carreaux.
Fourrier , (De Louis) *rue de l'Arbre*
ſec.
Gault , (De Denis) *rue du Bout du*
Monde.
Gervais, (De François) *rue du Harlay.*
Guéry, (De Michel-Mathurin) *rue des*
Ecouffes.
Guidin , (De Jacques) *Place Dau-*
phine.
Harmant , (De Philippe) *à Rouen.*
Hénard, (De Jean-François) *rue Fro-*
menteau.
Le Menu , (D'Etienne) *rue S. André*
des Arcs.
Le Moyne , (De Jean-François) *à la*
Haute Courtille.
Le Noir , (De Jean-François) *rue du*
Marché Palu.
Lorphelin , (De Jacob) *rue S. Louis ,*
près le Palais.
Lory , (De Claude) *rue de Bercy.*
Mallard , (De Claude-Iſidore) *rue de*
la Harpe.
Maucuy , (De Pierre-Denis) *à Tours*
en Touraine.

Ménard, (De Jacques) *rue S. Honoré, près celle des Bourdonnois.*
Millard (De Pierre) *rue S. Antoine.*
Munier, (De Nicolas) *rue des Moineaux au coin de celle Saint Roch.*
Nepveu, (De Louis-César) *rue de Pouliveau.*
Panier, (De Josué) *rue des grands Augustins.*
Perducat, (D'Etienne) *rue des Poitevins, près S. André des Arcs.*
Périmony, (De Périmony) *rue Saint Etienne, à la Ville-Neuve.*
Porté, (De Matthieu) *rue Grenétat.*
Pothenot, (De Nicolas) *rue des Sept-Voyes.*
Roquelon, (D'Etienne) *rue de la Licorne.*
Roussel, (De Nicolas Martin) *Cour S. Martin des champs,*
Rousselet, (De Jean - Etienne) *rue Galande près celle du Fouarre.*
Souchet, (De Claude) *rue Aubry-le-Boucher.*
Tallon, (D'Alexandre-Louis) *rue & près la Butte S. Roch.*
Tiffenne, (De Jean) *rue de Gesvres, chez M. son fils.*
Varoquier, (De Jean-Pierre) *rue Pavée, vis-à-vis celle Françoise.*

LISTE

LISTE ALPHABÉTIQUE

DES NOMS ET DEMEURES CONNUES
DE MESSIEURS LES MAÎTRES

HORLOGERS

DE LA VILLE , FAUXBOURGS ET BANLIEUE
DE PARIS,

Payant les Charges de la Communauté.

Avec la date de leur Réception.
POUR L'ANNÉE 1772.

Nota. Les Maîtres qui ont un B. après leurs noms de baptême, font les Monteurs de Boîtes.

A

ADMYRAULT, *Pere,* (Louis-Henri) G.V. *à Thouars en Poitou,* 1724

Admyrautl, *Fils, le Jeune,* (Nicolas) *rue S. Martin, vis-à-S. Julien des Menétriers,* 1764

Ageron, (François) *Place Dauphine,* 1741

Alar, *Fils,* (Jean-Claude) *rue près le Petit S. Antoine,* 1757

Alban, (Jean-Augustin) B. *rue S. Louis, près le Palais,* 1768

C

Allemand, (Jacques) B. *rue du Hurepoix,* 1746

Amant, *l'Aîné,* (Jean-Louis) *Cul-de-sac de l'Egout, F. S. Martin,* 1751

Amant, *le Jeune,* (Jean) *Quai Pelletier,* 1755

Amant, *le Cadet,* (Anne-Henri) *Quai Pelletier,* 1752

André, (Noël-Augustin) *Place Dauphine,* 1771

Ansart, (Pierre) *rue de Harlay, au coin du Quai de l'Horloge du Palais,* 1767

Arnoux, (Jean-François) *rue des Tournelles, près celle S. Antoine,* 1742

Arsandaux, (Jean-Philippe) *rue des Nonandieres,* 1743

Arthault, *le Cadet,* (Jacques-André) *rue Sainte Croix en la Cité,* 1756

Arthault, *le Jeune,* (François) *Quai Pelletier,* 1763

Arthur, (Jean) *Quai de Conti, près le Pont-Neuf,* 1757

Audibert, (Jean-Pierre) *rue du Petit-Pont,* 1756

Autray, (François) *Place aux Veaux,* 1737

B

BAILLON, (Jean-Baptiste-Albert) *rue Dauphine*, 1727

Bailly, (Joachim) *rue Dauphine*, 1749

Baltazar, *Pere, l'Aîné*, (Henri-Charles) *rue du Roule*, 1717

Baltazar, *le Cadet*, (Noël) *Place Dauphine*, 1717

Baltazar, *le Jeune*, (Jean-Chryfoftôme) *rue Dauphine*, 1740

Baltazar, (Michel) *Cour du Mai, au Palais*, 1744

Baltazar, (Louis-Charles) *Fils de Charles, rue & près la Monnoie*, 1761

Barat, (Philippe) G. V. *rue S. Antoine, vis-à-vis la Vielle rue du Temple*, 1742

Barbier, (Charles-François) *Pont-Marie*, 1770

Bartholony, (Daniel) *rue du Harlay*, 1758

Battas, (Jean-Sufanne) *au coin des rues de Vaugirard & des Francs-Bourgeois*, 1767

Baudet, (Nicolas) B. *Cour du Palais*, 1754

Bauve, (Gille) *rue Saint Antoine*,

vis-à-vis celle Cloche-Perche, 1770

Beauvarlet, (Joſſe-Adrien) rue S.
Jacques, près celle des Mathu-
rins, 1763

Beauvillain, (Charles) rue des
Grands Auguſtins, 1733

Bel , (Bernard-Joſeph) rue du
Harlay , 1758

Béliard, le Jeune, (François) G.
V. en Charge, au coin du Quai
des Auguſtins & de la rue du
Hurepoix, 1749

Béliard, l'Aîné, (Pierre) rue de
la Harpe, près le College d'Harcourt, 1750

Bellhomme, (Pierre-Jean-Bap-
tiſte) rue & Montagne Sainte
Genevieve, 1750

Benoît, (Martin) rue S. Chriſtophe, 1724

Berne, (Jean-Zacharie) rue du
Four F. S. G. vis-à-vis celle
des Cannettes, 1763

Berthoud, (Ferdinand) rue du
Harlay , 1753

Bertrand, (Joſeph) G. V. rue &
Montagne Sainte Genevieve ,
près le College de Navarre, 1746

Bethnan, (Robert) au Marché-
Neuf, au coin de la rue des Car-
caiſons, 1767

(29)

Biefta, (Jean) *Cloître S. Germain*
    l'Auxerrois,   1759
Bigand, (Jean-Noël) *au coin des*
    rues de Tournon & du petit
    Bourbon,   1743
Biffon, (Pierre) *Place de Sorbonne*, 1744
Blakey, (Guillaume) *rue S. Tho-*
    mas du Louvre,   1750
Blondel, (Nicolas) *rue Gallan-*
    de, vis-à-vis celle des Anglois, 1746
Boisgontier, (Jean-Denis) *rue*
    Baffe des Urfins,   1750
Bordier, (Jacques) *à Orléans*,   1766
Bothereau, (Jacques) *F. S. D.*
    près le Laiffez-paffer,   1759
Boucher, (Marc) *à l'Obfervatoire*, 1770.
Bouchet, (Jean-Louis) *rue Mont-*
    martre, près celle du Jour,   1762
Bourgeois, (Jean-François) *au*
    coin des rues Taranne & Saint
    Benoît, F. S. G.   1761
Bouffot de Villeneuve, (Jacques)
    rue de l'Arbre-fec, près celle des
    Foffés S. Germain l'Auxerrois, 1742
Boutray, (Jean-Baptifte Clément)
    rue de la Poterie, près celle de la
    Tixeranderie,   1730
Brézagez, (Jean-Baptifte) *rue*
    Montmartre près celle Tique-
    tonne,   1768

Briſſe , (Pierre) *rue Moufetard* , 1723

Brodon , (Nicolas) *Cour Neuve
du Palais*, 1744

Brodon , (Arnould-Joſeph) *Place
Dauphine*, 1757

Brulfer , *l' Aîné* , (Louis) *rue du
Marché Palu* , 1741

Brulfer, *le Jeune*, (Jean-Baptiſte)
rue Aubry-le-Boucher, *près celle
S. Denis*, 1754

Bunon, (Antoine Robert) *au coin
des rues de Grenelle & Coquillere*, 1763

Buzot, (Joſeph) *Quai des grands
Auguſtins* , 1770

C

Caban , (Jean-Charles) B. *rue
Saint Louis*, *près le Palais* , 1763

Caille , (Claude-Salomon) *rue
Michel-le-Comte*, *près celle du
Temple*, 1739

Calon, (Jean-François-Baltazar)
rue S. Louis , *près le Palais* , 1769

Caranda, (François) *rue de la
grande Truanderie*, 1741

Caron , (François-Modeſte) *rue
des Cinq-Diamants* , 1770

Carré , (Louis-David) G. V. *rue
Dauphine*, *près le Pont-Neuf* , 1749

Caufard, (Georges) *Enclos des Quinze-Vingts du côté du Paffage de la rue S. Nicaife,* 1770

Châlons, (Louis) *rue du Bacq, près celle de Grenelle,* 1757

Chambon, *Pere,* (Matthieu) *rue S. Denis, vis-à-vis S. Chaumont,* 1762

Chambon, *Fils,* (Jean) *rue de Poitou, près celle d'Anjou, au Marais,* 1766

Chanu, (Nicolas) *rue de la Barillerie, près le Pont S. Michel,* 1744

Chapo, (Philippe-Augufte) *rue S. Louis en l'Isle,* 1743

Charoft, *l'Oncle,* (Jean) *rue Sainte Marguerite, près le Carrefour Saint Benoît,* 1737

Charoft, (Jean François) *au Marché-Neuf,* 1766

Charpentier, *Pere,* (Charles) *rue Mauconfeil, vis-à-vis la Comédie Italienne,* 1751

Charpentier, *Fils,* (Germain) *rue S. Honoré, à côté de la Boucherie de Beauvais,* 1763

Chauvet, (Jean-Sébaftien) *rue S. Denis, vis-à-vis celle du Petit-Lion,* 1770

Chauvot, (Alexis-Joachim) *rue du Petit-Lion, près celle S. Denis,* 1760

Chérier, (Alexandre-Vincent)
Quai Pelletier,   1768
Clément, *l'Aîné*, (Fiacre-Fran-
çois) *rue du F. S. Martin*,
près le Laiffez-paffer,   1743
Clément, *le Jeune*, (Claude) G.
V. *rue S. Denis*, *à côté du Paf-
fage de la Trinité*,   1743
Clétiez, (Jean-Jofeph) *Quai de
l'Horloge du Palais*, *près le
Pont-Neuf*,   1762
Clouzier, *le Jeune*, (Simon-Ni-
colas) *rue S. Antoine*, *près celle
Geoffroy-Lafnier*,   1735
Codevelle, (Charles-Norbert)
rue de Buffy, *près celle de Seine*, 1767
Cœur, (Edme) *Place Baudoyer*,
vis-à-vis le Cimetieré S. Jean, 1759
Coliau, (Antoine) *rue du Mail*,
près celle Montmartre,   1770
Collier, (Bernard-Jacques) *rue
S Denis près celle Thévenot*, 1743
Collot, *Pere*, (Jean) *Place de
Sorbonne*,   1744
Coquin, (Vincent-Marie) *rue S.
Denis*, *vis-à-vis de l'ancien
Grand Cerf*,   1764
Cormaflon, (François-Cafimir)
rue de la Harpe, *près le College
d'Harcourt*,   1758

(33)

Courcault, (Mathurin-Didier)
rue Moufetard,   1730
Courieult, (Gabriel) rue de Gre-
nelle, près l'Hôtel des Fermes, 1767
Courvoisier, (David-Louis) Quai
de Conti, au coin de la rue Dau-
phine,   1765
Couturier, (Etienne-Claude) rue
& près l'Abbaye S. Antoine, 1768
Craffous, (Pierre-Paul) rue S.
Paul,   1768
Crépeaux, (Claude-Antoine) rue
du Marché aux Poirées,   1766
Cronier, (Antoine) rue S. Ho-
noré, vis-à-vis les Piliers des
Halles,   1763
Cuisin, (Nicolas-Louis) rue S.
Martin, vis-à-vis celle Guérin-
Boiffeau,   1766

D

Daniel, (Jacques-Barthelemy)
rue Dauphine, près celle Chrif-
tine,   1754
Darmezin, (Charles-Thomas)
Cour S. Martin des Champs, près
du petit Paffage & de l'Eglife, 1770
De Hémant, (Charles-Nicolas)
Quai de la Mégifferie, près la rue
des Quenouilles,   1750

De la Feuille, *Pere*, (Jacques) B.
rue *saint Martin*, *au coin de*
celle Maubué,   1746
De la Feuille, *Fils*, (Bénédict.)
B. *chez M. son Pere*,   1754
De la Gardette, (Louis-Matthieu)
rue de la Harpe, *près le College*
d'Harcourt,   1767
De la Mare, (Louis-François)
Place Dauphine,   1747
Delanoy, (André) *rue de la Hu-*
chette,   1767
De la Ruelle, (André) *rue saint*
Martin, *près celle du Cimetiere*
saint Nicolas,   1762
De la Ruelle, (Nicolas) *Enclos*
des Quinze-Vingts, *du côté du*
Passage de la rue saint Nicaise, 1770
De Launay, (Louis - Nicolas)
Pont Notre-Dame,   1717
De Lespée, *le Jeune*, (Germain)
rue & près saint André des Arts, 1745
De Lespée, *l'Aîné*, (Louis) *chez*
M. son frere,   1755
De Lunésy, (Nicolas-Pierre) *rue*
de l'Arbre-sec, *près saint Ger-*
main,   1764
De Monchanin, *Pere*, (Pierre)
B. *rue saint Louis, près le Palais*, 1746
De Monchanin, *Fils*, (Héléo-

dore-Jacques-Pierre) *chez M.*
fon Pere,   1771

Denizart, (Jean-Pierre) *dans
l'Abbaye faint Germain, rue
Childebert, Cour des Moines,* 1770

Dentan, (Amy) *rue de la Calandre, près le Palais,*   1754

Deranton, (Nicolas) *rue Beaubourg, à l'Hôtel de Fere,*   1768

Deribaucourt, (Alexandre) *rue
& à côté de faint Honoré,*   1770

De Saint-Jean, (Jean-Baptifte)
Place aux Veaux,   1760

De Saint-Martin, (François-
Pierre) *rue du Temple, au coin
du Cul-de-fac de l'Échiquet,*   1770

De Saint Pere, (Hugues-Nicolas)
*rue & Montagne fainte Gene-
vieve, vis-à-vis la rue des Aman-
diers,*   1717

Defchamps, (Etienne) *rue des
Gravilliers, vis-à-vis celle des
Vertus,*   1764

Devienne, (Louis-Gafpard) *rue
Galande, près celle faint Julien
le Pauvre,*   1767

Deville, (Etienne-Siméon) *rue
faint Martin, près faint Méry,* 1767

Déy, *Pere,* (Laurent) *rue faint
Antoine, près celle Royale,*   1744

Déy, *Fils,* (Nicolas-Laurent)

chez M. *son Pere*, 1765

Doué, (Edme) *rue saint Antoine, près celle des Barres*, 1770

Doyen, *Pere*, (François) *Place Maubert*, 1719

Du Bois, (Germain) *rue saint Honoré, à côté de la Boucherie de Beauvais*, 1757

Dubois, (François) *Pont au Change*, 1764

Du Bois, (Denis-François) *rue des Cordeliers, vis-à-vis celle de l'Observance*, 1767

Duchesne, (Jean-Ursin) *rue des Tournelles, près celle saint Antoine*, 1771

Du Costy, (Nicolas) *rue saint Christophe, près celle de la Juiverie*, 1758

Du Four, (Jean-Dominique) *rue du Mouton, près la Greve*, 1767

Du Four, (André) *rue aux Feves, près celle de la Calandre*, 1770

Du Gué, (Pierre-Charles) *rue du Harlay*, 1717

Du Luc, (Jean-Baptiste) *Pont au Change*, 1770

Du Nesme, (Marie-Jean-Claude) *rue Montmartre, vis-à-vis l'Egout*, 1762

Du

Du Pré, (Jean) *rue de Buſſi, près
le Marché,*   1717
Du Tertre, *l'Aîné, Pere,* (Jean-
Baptiſte) *Quai des Orfevres,*   1735
Du Tertre, *le Cadet,* (Jean-Abra-
ham) *Quai des Orfevres,*   1739
Du Tertre, *le Jeune, Pere,* (Ni-
colas-Charles) *Quai de l'E-
cole,*   1739
Du Tertre, *Fils de Nicolas-Char-
les,* (Charles) *chez M. ſon
Pere,*   1758
Du Tour, (Jean-Baptiſte-Ger-
vais) *rue ſaint Martin, près la
Priſon,*   1757
Duval, (Benoît) *rue de la Ton-
nellerie, vis-à-vis les Pillers des
Halles,*   1771

E

Edelinne, (Pierre) *rue de
Harlay, près le Quai des Or-
fevres,*   1757
Eſtier, (Jean) *rue de Seine, F. S.
G. près celle de l'Echaudé,*   1760

F

Farcy, (Jean) B. *Cour de Lamoignon*   1767

(38)

Fardoil, (Nicolas) *Place Maubert, près la rue des Lavandieres,* 1717

Faverole, (Nicolas) *rue de Bercy,* 1752

Félix, (Pierre-Joseph) *Quai des Orfevres, près le Pont-Neuf,* 1735

Féron, (André) *rue de la Comédie Françoise,* 1767

Festeau, *le Jeune,* (Simon-François) *rue saint Martin, près celle Grenier saint Lazare,* 1750

Festeau, *l'Aîné,* (Jacques-François) *chez M. son Fils,* 1751

Festeau, *Fils de Jacques-François,* (Simon) *rue & près saint André des Arcs,* 1769

Fieffé, *le Cadet,* (Alexandre-Jean) *rue S. Jacques, près la Place de Cambray,* 1758

Fieffé, *le Jeune,* (Jean-Claude) *rue de la Vieille Draperie,* 1758

Fizet, (Robert-Abraham) *rue du Four, F.S.G. près la Croix rouge,* 1756

Fleutry, (Jacques-François) *rue des Canettes F. S. G.* 1758

Forcher. (Jean) *rue du Bout du Monde,* 1764

Fortin, *Pere,* (Augustin) G. V. *rue de la Harpe, près la Porte saint Michel,* 1726

Fortin, *Fils d'Augustin*, (Michel)
G. V. *rue de la Harpe, près la
Porte S. Michel.*   1743
Fortin, *Fils de Michel*, (Augustin)
chez M. son Pere,   1769
Fossard, (Pierre) *rue de Bercy*, 1771
Foullé, (Pierre-Louis) *rue de Seine,
F. S. G. près celle de l'Echaudé,* 1743
François, (Antoine) *rue d'Or-
léans saint Honoré,*   1766
Frémy, (Julien-Nicolas) *rue des
Mauvais-Garçons, près celle de
Buffy,*   1742
Furet, *Pere,* (Jean-André) *rue
saint Honoré, vis-à-vis le Grand
Conseil,*   1711
Furet, *Fils,* (Jean-Baptiste-An-
dré) *chez M. son Pere,*   1746
Furet, (Jacques-Louis) *rue des
Arcis, près celle de la Verrerie,* 1763

G

Gallois, (François) *rue Sainte
Croix en la Cité,*   1746
Gallot, (Augustin) *rue de la Ca-
landre, près le Palais,*   1758
Gamard, (Charles) *à la Greve,* 1742
Garbet, (Gabriel-Benoît) *rue &
près saint Roch,*   1769

Garros, (Vincent) *Quai de l'Horloge du Palais, près la rue du Harlay,* 1764

Gavelle, *Pere,* (Jean-Jacques) *B. rue de la Huchette,* 1753

Gavelle, *Fils,* (Pierre) *chez M. son pere,* 1771

Gault, (Pierre-Mathurin) *au coin des rues saint Guillaume & des saints Peres, F. saint Germain,* 1757

Gault, *Fils,* (Edme-Denis) *rue Gallande, près celle saint Julien le Pauvre,* 1763

Gaultier, *Pere,* (François) *chez M. son Fils,* 1715

Gaultier, *Fils de François,* (Michel-Victoire) *rue des Petits-Champs, près celle Baillif,* 1752

Gauthier, (Charles) *Cour du Palais,* 1717

Gautrin, (Pierre-Laurent) *Place Dauphine,* 1767

Gérard, (Jean-Benoît) G. V. *rue saint André des Arcs, près celle Mâcon,* 1743

Gide, (Xavier) B. *rue saint Louis, près le Pont saint Michel,* 1762

Gille, *Fils de l'Aîné,* (Pierre) *rue saint Martin, près celle du Cimetiere saint Nicolas,* 1746

Gille, (Guillaume) *rue Mont-*

martre, *vis-à-vis celle du Bout
du Monde*, 1753
Gille, *Fils de Guillaume*, (Guil-
laume-Jean) *rue des Grands
Augustins, près le Quai*, 1765
Girard, (Philippe) *rue saint Jac-
ques, près le College du Plessis*, 1747
Giroud, (André-François) *rue de
Calandre, près le Palais*, 1767
Godde, *l'Aîné*, (Jean-Isaac)
Pont saint Michel, 1717
Godde, *le Jeune*, (Jacques-Phi-
lippe) *à S. Germain-en-Laye*, 1717
Godde, (Philippe - Henri) *rue
Beaubourg, vis-à-vis la Cour
des Morts*, 1717
Godde, *Fils d'Isaac*, (Jean-Jac-
ques) *chez M. son Pere*, 1769
Goffon, (Joseph) *Cul-de-sac des
Quatre-Vents, F. S. G.* 1770
Goret, (Jean) G. V. *rue Couture
sainte Catherine*, 1717
Goret, (Jean-Louis) *rue saint
Antoine, au coin de celle Clo-
che-Perche*, 1754
Goret (André) *rue S. Honoré,
vis-à-vis l'Opéra*, 1770
Gravereau, (Etienne) *rue des
Cordeliers, près celle de la Co-
médie*, 1770

Gremoud, (Nicolas-Antoine) *rue de Gêvre,* 1765

Grignon, (Pierre) *rue de Harlay,* 1770

Grillaud , (Jean-Claude) *rue de la Vieille Bouclerie,* 1763

Gudin , (Jacques-Jérôme) *Quai des Orfevres ,* 1762

Guénoux , (Charles-Théodore) *rue de Grenelle , près celle du Bac ,* 1764

Guerbe, (Nicolas-Franç.) *Vieillé rue du Temple près l'Égout,* 1770

Guillemin, (Nicolas) *rue de Grenelle, à la Croix rouge,* 1729

Guillet, (Nicolas-Jean-Baptiste,) *rue saint Louis, près le Pont saint Michel,* 1771

Guiot , (Antoine) *rue saint Honoré, près l'Opéra ,* 1770

H

Hardel , (Louis-Michel) G. V. *rue Culture sainte Catherine, près celle saint Antoine,* 1753

Hardy , (François Edme) *rue des saints Peres, vis-à-vis la Charité ,* 1743

Henchoz , (Léonard) *rue & vis-à-vis la Comédie Françoise,* 1767

Herbault, (Louis-François) G.
V. *rue & à côté de S. Honoré*, 1743

Hervé, (J. B.) *Place des trois
Maries*, 1726

Heurtier, (Pierre) *au Méridien
du Pont au Change*, 1757

Houblin, *l'Aîné*, (Euſtache-Fran-
çois, G. V. *en Charge & Comp-
table, rue & Montagne ſainte
Genevieve, vis-à-vis les Car-
mes*, 1745

Huau, (Alexis-Louis-Matthieu)
*Charnier des Innocents, du côté
de la rue de la Féronnerie*, 1758

Hubert, (Pierre) *rue de la Verrerie, au coin de celle des deux
Portes*, 1769

Huet, (François) *rue de Seine,
F. S. G. près celle de l'Echaudé*, 1767

Huet Dupleſſis,(Jean-Alexandre)
*rue ſaint Antoine, vis-à-vis
ſaint Paul*, 1770

Hugault, (Guillaume-Nicolas)
*rue Tiron, au coin de celle ſaint
Antoine*, 1765

Huillier, (Antoine-Philip.) *Quai
de l'Horloge du Palais, près la
rue du Harlay*, 1746

Huvé, *l'Aîné*, (Jean-Simon,) *rue
S. Denis, près celle aux Ours*, 1717

Huvé, *le Cadet*, (Simon) *Cul-de-sac saint Martial*,　　1717

I

Idelot, (Laurent) B. *rue Gra-cieuse*, *F. S. Marcel*,　　1742
Igou, (Pierre) G. V. *Place du Palais Royal*,　　1726
Imer, (Jean Jacques) *rue saint Louis, près le Quai des Orfevres*, 1756

J

Janvier, (Jérémie) *rue Dau-phine, près celle d'Anjou*,　　1770
Jarle, (Jean-Antoine) *rue Pastou-relle, près celle d'Anjou*,　　1765
Javelot, (Jacques) *au coin des rues des saints Peres & de Gre-nelle, F. S. Germain*,　　1767
Jean, (J. B.) *au Marché Neuf*, 1717
Jollain, (Pierre) *rue du Roule*, 1764
Jouard, (Louis) G. V. *Cloître saint Germain l'Auxerrois*,　　1724
Juanin, (François-Jean) *rue saint Honoré, à côté du Palais Royal*, 1767

L

Labdouche, *l'Aîné*, (François) B. *rue S. Louis, près le Palais*, 1769

Labdouche, *le Jeune*, (Joseph)
   Pont Notre-Dame.   1770

Lacan, *Pere*, (Henri) G. V. *au*
   coin des rues Grenénat & Bourg-
   l'Abbé,   1756

Lacan, *Fils*, (Henri-Charles Jean)
   chez M. son Pere,   1771

Lachauflée, *Pere*, (Pierre-Henri)
   dans S. Jean de Latran,   1767

Lachauffée, *Fils*, (Charles-Henri)
   rue S. Jacques, près celle de S.
   Severin,   1767

La Cloye, (Jean) *rue Culture Ste*
   Catherine, près celle S. Antoine, 1741

La Marche, *Pere*, (Henri-Henry)
   rue de la Huchette,   1723

La Marche, *Fils*, (Jacques-Franç.
   Henry) *rue du Marché Palu*, 1745

Lamberton, (Pierre) *rue S. Ho-*
   noré, près celle d'Orléans,   1762

Lamy, (Michel) *rue Froman-*
   teau, vis-à-vis le Louvre,   1767

La Place, (Jean-Baptiste) *Cloître*
   S. Jacques l'Hôpital,   1758

Larésche, (Hugues-François) *rue*
   de la Vieille Bouclerie,   1769

Léautier, (Paul) *rue & à côté de*
   la Comédie Françoise,   1767

Leblond, (Pierre) *rue S. Honoré,*
   près celle de l'Arbre-sec,   1767

Leblond, (Nicolas) *rue S. Louis,*

près le Palais , 1770
Le Brasseur, (Nicolas) *rue Bourg-
l'Abbé* , 1761
Léchopié, (Adam) *rue Neuve des
Petits Champs, près celle Sainte
Anne* , 1758
Le Doux, (Pierre-François) *rue
S. André des Arcs , près celle
Contrescarpe* , 1758
Ledunois, (Pierre) *rue Mont-
martre, au coin de celle Notre-
Dame des Victoires.* 1767
Le Faucheur, (Alexandre) *Quai
de l'Horloge du Palais*, 1729
Le Febvre, (Thomas) *G. V. au
coin des rues S. Louis & sainte
Anne, près le Palais*, 1733
Le Febvre, (Jean-Baptiste) *au
coin de la rue S. Martin & du
Cloître S. Méry*, 1767
Le Loutre, (François) *rue S. Ni-
caise, au coin de celle S. Honoré*, 1741
Le Lubois, (Toussaint-Michel)
Place Baudoyer, 1724
Le Moyne, (Jean-Louis) *rue de
Buffi*, 1766
Le Noir , *Pere* , (Etienne) *Quai
des Orfevres*, 1717
Le Noir, *l'Aîné*, (Raimond-Jean-
Baptiste) *rue S. Honoré, vis-à-
vis celle de la Sourdiere* , 1727

Le Noir, *le Cadet,* (Touffaint-
Marie) G. V. *Place du Pont
S. Michel,*   1730
Le Noir, *Fils d'Etienne,* (Pierre-
Etienne) *Quai des Orfevres,*   1743
Le Noir, *Fils de Touffaint-Marie,*
(Antoine - Touffaint) *rue du
Battoir, près celle Mignon,*   1764
Le Noir, *Fils d'Auguftin,* (Jean-
Baptifte-Auguftin) *rue de Har-
lay,*   1764
Le Noir, *Fils de Touffaint-Marie,*
(Pierre-Edme) *rue de la Harpe,
au-deffus de celle de la Parche-
minerie,*   1769
Le Paute, (Jean-André) *rue S.
Honoré, vis-à-vis l'Opéra,*   1759
Le Roux, (Jean-Furfi) *rue Gué-
négault, près le Quai de Conti,* 1755
Le Roy, (Pierre) *rue du Harlay,* 1737
Le Roy, (Jean-Jofeph) *rue S.
Martin, près celle des Mené-
triers,*   1742
Le Roy, (Jean-Baptifte-Samfon)
Place Dauphine,   1753
Le Roy, (Etienne-Auguftin) *rue
S. Denis, vis-à-vis S. Leu,*   1758
Le Roy, (Pierre) *au coin des rues
S. Martin & S. Méry,*   1765
Lefpine, (Jean-Antoine) *Place
Dauphine,*   1762

Lethier , (Etienne) *rue des Lombards* ,   1770
Le Vacher, *Pere*, (Jean-Louis) B. *chez M. son Fils l'Aîné* ,   1759
Le Vacher , *Fils Aîné*, (André-Louis) B. *rue saint Louis près le Palais* ,   1759
Le Vacher, *Fils, Cadet*, (Jacques-Jean) B. *chez M. Godde Pont saint Michel* ,   1759
Le Vasseur , (Pierre) *rue de Seve, près les Prémontrés* ,   1748
L'Huilier,(Jacques) *rue aux Ours, près celle saint Denis* ,   1769
Lieutaud , (Jean-Joseph) *rue de Buffi, vis-à-vis celle de Seine* ,1767
Lomet , (Charles) *Quai Pelletier, près le Pont Notre-Dame* ,   1743
Lory , (Claude) *rue de Bercy* ,   1767
Lottin , (Joseph) *rue de la Calandre, près le Palais* ,   1771

M

Magitot , (Jean-Baptiste) *rue des Boucheries saint Honoré* , 1771
Magnen, (Michel) *Quai des Augustins, près la rue du Hurpoix* ,   1770
Mailand , (Henri) *rue des Boucheries* ,

cheries, *F. S. G. près le Marché*, 1764
Mairesse, (Nicolas-Antoine) *Cour
de Lamoignon*, 1755
Mairesse, (Jean-Baptiste) *rue des
Grands Augustins, près le Quai*, 1767
Mallet Genoux, (Pierre-Henri)
Quai de l'Horloge du Palais, 1757
Mangeant, (Louis) *rue du Pour-
tour S. Gervais*, 1734
Maniere, (Jean-Pierre) *rue de
Viarme, à la Halle neuve, entre
les rues de Sartine & Mercier*, 1765
Marie, (Charles-François) *rue
de la Barillerie, près le Pont
S. Michel*, 1765
Martin, *Pere*, (Jean) *rue de Bé-
tizi, près celle Tire-Chappe*, 1746
Masson, (Charles) *rue Geoffroi
Lasnier, près celle S. Antoine*, 1717
Masson, (Denis) *rue Ste Avoye,
vis-à-vis celle du Plâtre*, 1746
Matignon, (Abraham) *au coin
des rues aux Ours & Saloconte*, 1767
Matthieu, *l'Aîné*, (Claude) *rue
saint Honoré, vis-à-vis, l'Hô-
tel de Noailles*, 1754
Matthieu, *le Jeune*, (Edme) *rue
saint Honoré, près les Jacobins*, 1769
Maucuy, (Jean-Louis) *au coin des*

E

(50)

rues saint Martin & Aubry-le-
Boucher, 1770
Mauduit, (Jacques) *rue des deux
Écus,* 1763
Mayet, (Pierre-Ignace) *Grande
rue Taranne, F. S. G. près le
Carrefour S. Benoît,* 1770
Méréaux, (Jean-Charles) *rue du
Cœur volant,* 1761
Merlier, (Jean-Baptiste) *rue de
la Pelleterie,* 1718
Mesnil, (Claude) *Pont au Change,* 1743
Michel, (Jean) *Quai des Orfe-
vres, près le Pont-Neuf,* 1770
Millot, (Pierre) *au coin des rues
saint Dominique & du Bac,* 1754
Moisy, (Jean) *Place des Quatre
Nations,* 1753
Monnot, (Jean-Louis) *rue de
Seine, F. S. G. près celle de
Buffi,* 1770
Montandon, (David) B. *rue du
Hurpoix,* 1770
Montjoye, *Pere, le Jeune,* (Louis)
*rue Gallande, près celle des
Anglois,* 1748
Montjoye, *Pere, l'Aîné,* (Adrien)
rue de la Jouaillerie, 1764
Montjoye, *Fils de Louis,* (Louis)
B. *chez M. son Pere,* 1768

Moré, (Augustin) *rue Git-le-Cœur*, 1770
Musson, (Pierre) *Quai de l'Hor-*
    loge du Palais,   1746.
Musson, *Fils*, (Pierre-François)
    rue saint Louis, près le Palais, 1767
Musson, (Louis) *rue S. Martin,*
    vis-à-vis celle des Vielles Etuves, 1770

N

Naudin, (Antoine) *rue & près*
    les Minimes de la Place Royale, 1725
Néviance, (Jean-Auguste) G. V.
    rue des Cordiers, près la Sor-
    bonne,   1717
Nicod, (Denis-Joseph) *rue Jacob,*
    vis-à-vis celle saint Benoît,   1770
Nioux, (Etienne) *rue de Seine,*
    F. S. G. près celle de l'Echaudé, 1765
Normand, (Louis-François) G.
    V. *à Chaume en Brie*,   1723

P

Paillard, (Jean-Baptiste-Char-
    les) *Pont-Marie*,   1750
Paliard, (Claude-François) *dans*
    l'Abbaye saint Germain, rue
    Childebert, Cour des Moines, 1770
Panier, (Jacques-Charles) G. V.

au coin du Cloître faint Méry,
& de la rue de la Verrerie,   1743

Pelletier, l'Aîné, (Antoine) à la
Savonnerie de Chaillot,   1717

Pelletier, (Jacques) dans les
Quinze-Vingts,   1770

Pépin, (Marin) rue Frépillon, au
Marais,   1760

Pérache, (Jean-Pierre) G. V.
Place du Palais Royal,   1733

Périchon (Pierre-Noël) rue des
Francs-Bourgeois, Porte faint
Michel,   1749

Perrot, (Guillaume) rue de Bourbon, à côté des Théatins,   1770

Petite, (Jérôme) rue fainte Marguerite, près l'Abbaye faint
Germain,   1770

Plan, (Philippe) Place Dauphine, 1766

Plattel, (Daniel-Samuel) Place
Dauphine,   1766

Poirié, (Pierre) au coin des rues
des Déchargeurs & S. Honoré, 1760

Poirot, (Jean-Chriftophe) rue
Dauphine, près celle faint André des Arcs,   1759

Poletnich, (Joseph-Michel) rue de
la Harpe, vis-à-vis celle Ser-
pente,   1764

Porté, (Jean-Jacques) rue des
Gravilliers,   1729

Prévoſt, (Bon-Jean) rue ſaint
Germain l'Auxerrois, vis-à-vis
celle Bertin-Poirée,   1717
Provoſt,(Jacques-François-Louis)
rue ſainte Anne, près le Palais,1760

Q

QUETIN, (Joſeph) à Chatillon
ſur Loire,   1742
Quillet, (Paul-Philippe) rue des
Tournelles,près celle S.Antoine,1757
Quoniam, (Joſeph) rue Aubry-
le-Boucher,   1747

R

RACLE, (Barthelmy) dans l'Ab-
baye ſaint Germain, Cour du
Prince,près la rue du Colombier,1770
Regnault, Pere, (Pierre) G. V.
Vieille rue du Temple, près l'E-
gout,   1730
Regnault, (Jérôme - François)
rue Galande, près celle S. Julien
le Pauvre,   1747
Regnault, Fils de Pierre, (Pierre-
Antoine) G. V. Vieille rue du
Temple, près l'Egout,   1754
Renard, (Amand) rue du Pour-

tour & vis-à-vis *faint Gervais*, 1751

Rey, (Charles) *rue des Bouche-*
*ries,près le Marché S. Germain,*1770

Ridereau, (Martin-Simon) *rue*
des Grands Auguftins, près le
Quai,   1754

Ripert, (Bernard) *rue faint Jac-*
ques, vis-à-vis le Pleffis,   1766

Robert, (Claude - Alexandre)
Grande rue du F. faint Honoré,
près celle d'Anjou,   1767

Robert, (Nicolas) *rue des Prou-*
vaires, près faint Euftache,   1769

Robin, (Robert) *Grande rue du*
F. faint Honoré, près la rue de
la Magdeleine,   1767

Rocquet, (Jacques-Martin) *rue*
Bourtibourg,   1759

Roque, (Jofeph - Léonard) *au*
vieux Louvre dans le Bâtiment
des Colonnades, du côté de faint
Germain,   1770

Roger, (Charles) *Cul-de-fac*
faint Thomas du Louvre,   1760

Romilly, (Jean) *Place Dau-*
phine,   1752

Rouffeau, (Jacques-Nicolas) *rue*
de la Harpe, vis-à-vis la Sor-
bonne,   1737

S

Saint-Preuil, (François) *au Marché Neuf*,   1764

Saucy, (Jean-Baptiste) *rue Bourg l'Abbé, près la Trinité*,   1770

Sauvaiſtre (Matthieu) *rue & près la Comédie Françoiſe*,   1770

Seigneuret, (Pierre) *rue du Temple, près celle de la Corderie*,   1771

Sénart, (Claude) *rue du Jardinet, près celle des Prêtres ſaint Paul,* 1767

Silveſtre, (Joſeph) *rue Dauphine au coin de celle d'Anjou*,   1755

T

Tallon, *l'Aîné*, (Louis) *rue des Petits Peres*,   1717

Tallon, *Pere*, (Jean-Claude) *rue du F. B. Montmartre, près l'Egout*,   1720

Tallon, *Fils de Jean-Claude*, (Claude-Olivier) *rue de Cléry, à la Ville Neuve*,   1766

Tavernier, (Jean-Pierre) *rue de Buſſi, près celle Mazarine*,   1746

Terrier, (Guillaume - Romain) *rue du petit Lion près celle de Condé*,   1767

Thibault, (Pierre-Barthelemy)
rue saint Louis, près de la Place
Royale, 1758
Tifenne, (Louis) rue de Gévre, 1743
Tilly, (Simon-François) rue &
Isle S. Louis, 1767
Tintrelin, (Jean-Baptiste) B.
rue de la Barillerie, 1747
Tremeau, (Nicolas-Pierre) rue
Jean-Robert, 1739

V

Vaillant, (Jacques-François)
G. V. en Charge, Quai des Au-
gustins, près la rue du Hure-
poix, 1750
Vallery, (Nicolas) rue sainte
Anne, près le Palais, 1766
Vasse, (François) rue S. Etienne
des Grès, 1741
Vauchez, (Daniel) rue & à côté
de saint Pierre aux Bœufs, 1767
Vaudry, (Pierre-François) rue
de Richelieu, vis-à-vis la Fon-
taine, 1770
Vautrin, (Alexandre) rue Quin-
quempoix, près celle de Venise, 1764
Verdier,(Jean-Jacques) rue sainte
Anne, près le Palais, 1737

Verneaux, *Pere*, (François) G.
   V. *rue de Buſſi, vis-à-vis celle*
   de Seine,   1747
Verneaux, *Fils,* (Henri-François)
   chez M. ſon Pere,   1758
Vernezobre de Laurieux, (Jean-
   Baptiſte-Louis) *rue du Harlay,* 1769
Viger, (François) G. V. *rue S.*
   Denis, à côté du Sépulcre,   1744
Villeceux, (François) *au Marché-*
   Neuf, vis à-vis la Boucherie, 1758
Vimont, (Pierre-André) B. *Cour*
   du Palais,   1743
Voiſin, *l'Aîné,* (Antoine) G. V.
   rue Hyacinte, près la Porte ſaint
   Michel,   1743
Voiſin, *le Jeune,* (Antoine-Henri)
   G. V. *en Charge, rue Dau-*
   phine, près le Pont-Neuf, 1755
Waltrin, *Pere,* (Joſeph) G. V.
   rue ſaint Antoine, vis-à-vis celle
   Cloche-perche,   1746
Waltrin, *Fils, l'Aîné,* (Charles-
   Henri) *rue ſaint Antoine, près*
   celle Geoffroy-Laſnier,   1767
Waltrin, *Fils le Jeune,* (Louis-
   René) *chez M. ſon Pere,* 1771
Wielandy, (Abraham) *rue & au*
   Cherche-Midy,   1767

MESSIEURS LES OFFICIERS.

M*e* PULLEU, Avocat au Parlement, *rue S. André des Arcs, à l'Ecole de Desseins.*

M*e* BOCQUBT Détournelle, Avocat au Conseil, *rue Simon le Franc.*

M*e* BERNARD, Notaire, *rue de la Vieille Draperie, vis-à-vis Ste Croix en la Cité.*

M*e* Cothereaut, Procureur au Parlement, *rue des deux Portes S. Jean en Grêve.*

M*e* Trahan, Procureur au Châtelet, *rue & vis-à-vis le Cimetiere S. André des Arcs.*

M. Du-Bois, Huissier au Châtelet, *rue Saint Germain l'Auxerrois, vis-à-vis celle de la Sonnerie,*

V*e* Duru, Clerc, au Bureau, *rue S. Christophe, Parvis Notre-Dame, à côté de M. Desmure Notaire.*

Messieurs les Maîtres & Veuves sont priés d'avertir au Bureau, lorsqu'ils changeront de demeure, le 15 Novembre au plus tard; comme aussi de donner avis s'ils trouvoient quelques fautes dans les Lettres de leurs Noms, ou dans la Date de leurs Réceptions, pour les corriger.

1772

JUILLET.	AOUST.	SEPTEMBRE.	OCTOBRE.	NOVEMBRE.	DECEMBRE.
Prem. Qu. le 7. Chaleur.	Prem. Qu. le 6. Beau tems.	Prem. Qu. le 4. Tems inconstant.	Pr. Qu. le 3. Beau tems.	Prem. Qu. le 2. Pluye froide.	Prem. Qu. le 2.
Pl. Lune le 14. Tonnerre.	Pl. Lune le 13. Chaleur.	Pl. Lune le 12. Pluye.	Pl. Lune le 11. Tems couvert.	Pl. Lune le 10. Tems inconstant.	Pl. Lune le 10.
Der. Qu. le 22. Grande chaleur.	Der. Qu. le 21. Tonnerre.	Der. Qu. le 20. Automne le 22.	Dern. Qu. le 19. Grand Vent.	Der. Qu. le 18. Brouillard.	Der. Qu. le 17. Hiver le 21.
Nouvelle Lune de Juillet le 30.	Nouvelle Lune d'Août le 28.	Nouv. Lune de Septembre le 27.	Nouvelle Lune d'Octobre le 26.	Nouvelle Lune de Novembre le 24.	Nouvelle Lune de Décembre le 24. Pr. Qu. le 31. Gelée.

JUILLET

mercr.	1	s. Thiery
jeudi	2	Vis. N. D.
vendr.	3	s. Anatol.
samedi	4	Tr. s. Ma.
4 Dim.	5	s. Cyrille
lundi	6	s. Tranq.
mardi	7	s. Edilbe
mercr.	8	s. Thibau.
jeudi	9	s. Zenon
vendr.	10	7 Freres
samedi	11	Tr. s. Be.
5 Dim.	12	s. Prix
lundi	13	s. Anaclet
mardi	14	s. Bonav.
mercr.	15	s. Henri
jeudi	16	N. D. C.
vendr.	17	s. Alexis
samedi	18	s. Clair
6 Dim.	19	Vinc. de P,
lundi	20	ste Marg.
mardi	21	s. Victor
mercr.	22	ste Magd.
jeudi	23	s. Apolin.
vendr.	24	Jours Can.
samedi	25	J. s. C.
7 Dim.	26	Tr. s. Mar.
lundi	27	s. Pantal.
mardi	28	ste Anne
mercr.	29	ste Marth.
jeudi	30	s. Abdon
vendr.	31	s. Ger. A.

AOUST

samedi	1	s. P. ès l1.
8 Dim.	2	s. Etie. P.
lundi	3	Inv. s. E.
mardi	4	s. Domin.
mercr.	5	N. D. d. N.
jeudi	6	Tr. N. S.
vendr.	7	s. Donat
samedi	8	Vig. jeûne
9 Dim.	9	s. Domit.
lundi	10	s. Laurent
mardi	11	s. Tiburce
mercr.	12	ste Claire
jeudi	13	s. Hipolite
vendr.	14	Vig. jeûne
samedi	15	Assompt.
1 Dim.	16	s. Roch
lundi	17	s. Carlom.
mardi	18	ste Helene
mercr.	19	s. Agapite
jeudi	20	s. Bernard
vendr.	21	s. Privat
samedi	22	s. Symph.
11 Dim.	23	s. Sidone
lundi	24	s. Barthe.
mardi	25	s. Louis
mercr.	26	Fin J. Can.
jeudi	27	s. Sulpice
vendr.	28	s. August.
samedi	29	s. Mederic
2 Dim.	30	s. Fiacre
lundi	31	ste Isabelle

SEPTEMBRE

mardi	1	s. Leus. G.
mercr.	2	s. Just
jeudi	3	ste Serap.
vendr.	4	ste Rosal.
samedi	5	s. Victorin
13 Dim.	6	s. Zachar.
lundi	7	s. Cloud
mardi	8	Na. N. D.
mercr.	9	ste Reine
jeudi	10	s. N. Tol.
vendr.	11	s. Theod.
samedi	12	s. Guy
14 Dim.	13	s. Maurill.
lundi	14	Ex. ste Cr.
mardi	15	s. Porphire
mercr.	16	4 Tems
jeudi	17	s. Lambert
vendr.	18	s. Th. de V.
samedi	19	Vig. jeûne
15 Dim.	20	s. Eustac.
lundi	21	s. Matth.
mardi	22	s. Maurice
mercr.	23	s. Lin
jeudi	24	s. Gerard
vendr.	25	s. Firmin
samedi	26	ste Justine
16 Dim.	27	s. Cô. s. D.
lundi	28	s. Vincef.
mardi	29	s. Michel
mercr.	30	s. Jérôme

OCTOBRE

jeudi	1	s. Remi
vendr.	2	l'Ange G.
samedi	3	s. Leger
17 Dim.	4	s. Franço.
lundi	5	s. Placide
mardi	6	s. Bruno
mercr.	7	s. Marc P.
jeudi	8	ste Brigit.
vendr.	9	s. Denis
samedi	10	s. Paulin
18 Dim.	11	ste Julien.
lundi	12	s. Venant.
mardi	13	s. Geraut
mercr.	14	s. Caliste
jeudi	15	ste There.
vendr.	16	s. Gal
samedi	17	s. Florent
19 Dim.	18	s. Luc E.
lundi	19	s. Pierr. A.
mardi	20	s. Caprais
mercr.	21	ste Urfule
jeudi	22	s. Mellon
vendr.	23	s. Servant
samedi	24	s. Magloi.
20 Dim.	25	s. Crespin
lundi	26	s. Rustique
mardi	27	Vig. jeûne
mercr.	28	S. s. J.
jeudi	29	s. Narcisse
vendr.	30	s. Lucain
samed.	31	Vig. jeûne

NOVEMBRE

21 Dim.	1	La Touf.
lundi	2	Les Trépa.
mardi	3	s. Marcel
mercr.	4	s. Charles
jeudi	5	s. Hubert
vendr.	6	s. Leonar.
samedi	7	s. Baudin
22 Dim.	8	4 Cour.
lundi	9	s. Mathu.
mardi	10	s. Tripho.
mercr.	11	s. Martin
jeudi	12	s. René
vendr.	13	s. Emilien
samedi	14	s. Brice
23 Dim.	15	s. Malo
lundi	16	s. Edmon
mardi	17	s. Gre. T.
mercr.	18	s. Odon
jeudi	19	ste Elisab.
vendr.	20	s. Edme
samedi	21	Pr. N. D.
24 Dim.	22	ste Cecile
lundi	23	s. Cleme.
mardi	24	s. Chryso.
mercr.	25	ste Cathe.
jeudi	26	ste Ge. A.
vendr.	27	s. Maxime
samedi	28	Vig. jeûne
1 Dim.	29	Avent
lundi	30	s. André
		Indiction Rom. 5.

DECEMBRE

mardi	1	s. Eloy
mercr.	2	s. Pierre
jeudi	3	s. Fr. Xav
vendr.	4	ste Barbe
samedi	5	s. Sabat
2 Dim.	6	s. Nicolas
lundi	7	s. Ambro.
mardi	8	Con. N. D
mercr.	9	s. Gorgon.
jeudi	10	s. Melchi.
vendr.	11	s. Damase
samedi	12	s. Hermo.
3 Dim.	13	ste Luce
lundi	14	s. Nicaise
mardi	15	s. Mesmin
mercr.	16	4 Tems
jeudi	17	s. Lazare
vendr.	18	s. Gatien
samedi	19	s. Hildeb.
4 Dim.	20	s. Liberat
lundi	21	s. Thomas
mardi	22	s. Flavien
mercr.	23	ste Victoi.
jeudi	24	Vig. jeûne
vendr.	25	NOEL
samedi	26	s. Etienne
Diman.	27	s. Jean E.
lundi	28	SS. Innoc.
mardi	29	s. Th. Ca
mercr.	30	s. Sabin
jeudi	31	s. Silvestre

A PARIS, chez CHARDON, rue Galande.

www.ingramcontent.com/pod-product-compliance
Ingram Content Group UK Ltd.
Pitfield, Milton Keynes, MK11 3LW, UK
UKHW022150070726
13613UKWH00003B/1461